JOSEPH SURCOUF
Avocat à la Cour

LOYERS DE LA GUERRE

Droits du locataire

Exonérations,
Réductions,
Congés, etc.

PARIS
Les Editions Françaises
« *LES GÉMEAUX* »
11bis, Impasse de la Visitation (VIIe)

MCMXX

JOSEPH SURCOUF
Avocat à la Cour

LOYERS DE LA GUERRE

Droits du locataire

Exonérations,
Réductions,
Congés, etc.

PARIS
Les Editions Françaises
« *LES GÉMEAUX* »
11 bis, Impasse de la Visitation (VIIe)

MCMXX

AVANT-PROPOS

Cette étude n'est pas un commentaire de l'importante loi sur les loyers de la guerre.

Elle n'en est, au contraire, qu'un résumé qui s'est efforcé d'être clair.

Elle ne s'adresse donc pas aux juristes mais au public qui a besoin de connaître ses droits, en cette matière, sans être obligé de les découvrir dans un texte de loi dont le moins qu'on puisse dire c'est qu'il est obscur.

Le cadre étroit de cette étude m'a permis de n'y faire entrer que les questions les plus importantes, celles que j'ai vu le plus souvent débattre au cours de mes fonctions temporaires de Président de Commission arbitrale à Paris.

J. SURCOUF,
Docteur en Droit, Avocat à la Cour.

Note : La date de la cessation des hostilités a été fixée au 24 octobre 1919.

Loyers de guerre

Droits des locataires

La loi sur les loyers de guerre qui met, chaque jour, aux prises, devant les Commissions arbitrales, locataires et propriétaires règle un très grand nombre de questions. Celles qu'il importe le plus aux locataires de connaître se réfèrent :

1° Aux résiliations de baux ;

2° Aux exonérations totales ou partielles de loyer ;

3° Aux prorogations de baux.

PREMIÈRE PARTIE

Résiliation des baux

(6 cas)

Premier cas

Décès du locataire

(*DEUX CATÉGORIES*)

1re catégorie : Locataire mobilisé.

2e catégorie : Locataire victime civile de la guerre.

1re CATÉGORIE

Décès du locataire mobilisé

(Art. 3 de la loi)

DEMANDE. — *Lorsque le locataire était mobilisé dans quel cas la résiliation peut-elle être demandée?*

RÉPONSE. — Quand le locataire a été tué à l'ennemi ou est mort des suites de ses blessures ou de maladie contractée sous les drapeaux.

DEMANDE. — *Qui peut demander cette résiliation?*

REPONSE. — 1° La veuve du locataire ;

2° Ses père et mère ou ses enfants ;

3° Ses héritiers collatéraux s'ils habitaient avec lui.

DEMANDE. — *Quelles sont les formalités à remplir pour obtenir en cas de décès du locataire mobilisé la résilation ?*

REPONSE. — Une simple réclamation par lettre recommandée adressée au bailleur suffit.

DEMANDE. — *Dans quels délais cette déclaration doit-elle être faite ?*

REPONSE. — Dans les six mois du décès ou de l'avis officiel du décès, sous peine de forclusion.

DEMANDE. — *Cette résiliation donne-t-elle droit à une indemnité au profit du propriétaire ?*

REPONSE. — Non, sauf au cas exceptionnel où le bailleur a fait des aménagements spéciaux pour le locataire dans le local loué.

DEMANDE. — *Quel est le caractère de cette résiliation ?*

REPONSE. — Cette résiliation est de plein droit quand elle est demandée par la veuve, les père ou mère, les enfants ou les collatéraux qui habitaient avec le locataire décédé. Elle est, au contraire, facultative lorsqu'elle est demandée par des collatéraux qui n'habitaient pas avec le locataire décédé.

DEMANDE. — *Quand la résiliation est de plein droit, faut-il aller devant la commission arbitrale ?*

REPONSE. — La déclaration au propriétaire suffit ; il n'y a pas lieu d'aller devant la commission arbitrale.

DEMANDE. — *Quand la résiliation est facultative, faut-il aller devant la commission arbitrale ?*

REPONSE. — Oui, la commission arbitrale est seule compétente pour la prononcer.

2e CATEGORIE

Décès du locataire non mobilisé, victime de la guerre

(Art. 8 de la loi)

DEMANDE. — *Quelles sont les personnes qui peuvent demander la résiliation ?*

RÉPONSE. — Les veuves et les héritiers des locataires qui, étant demeurés civils, ont été tués au cours de faits de guerre ou sont morts de blessures ou d'accidents occasionnés par les faits de guerre.

DEMANDE. — *Quelle est la procédure à suivre ?*

REPONSE. — Exactement la même que si le locataire décédé était mobilisé.

Deuxième cas de résiliation

Disparition du locataire mobilisé

(Art. 5 de la loi)

DEMANDE. — *Dans quel cas la résiliation peut-elle être demandée?*

REPONSE. — Au cas où le locataire est présumé décédé sans que son décès soit certain.

DEMANDE. — *Qui peut demander cette résiliation?*

REPONSE. — 1° La femme du locataire disparu ;

2° Les père ou mère et les enfants ;

3° A défaut, les héritiers collatéraux.

DEMANDE. — *Quelles sont les formalités à remplir pour obtenir la résiliation?*

REPONSE. — 1° Les intéressés doivent aviser le bailleur par lettre recommandée de la disparition du locataire dans les six mois de l'avis donné par le Ministre de la Guerre qu'il y a présomption de décès.

2° Ils doivent en outre saisir la commission arbitrale.

DEMANDE. — *Quel est le caractère de cette résiliation?*

REPONSE. — Cette résiliation est facultative pour la commission arbitrale.

Lorsqu'elle est prononcée au profit de la femme du locataire disparu, de ses enfants ou à défaut de ses parents, elle peut être prononcée sans indemnité au propriétaire.

Lorsqu'elle est prononcée à défaut des personnes ci-dessus énoncées au profit d'autres héritiers, elle peut être prononcée avec ou sans indemnité.

3e Cas de Résiliation

Réduction notable de capacité professionnelle attribuable aux faits de guerre

(Art. 7 de la loi)

DEMANDE — *Quelles sont les personnes qui bénéficient de cette résiliation ?*

REPONSE. — 2 *catégories* : 1° Mobilisés ; 2° Civils victimes de la guerre.

1re catégorie. — Mobilisés.

Les Mobilisés atteints de blessures ou

de maladies contractées ou aggravées sous les drapeaux ayant entraîné une réduction de capacité professionnelle les empêchant de continuer leur ancienne profession peuvent demander la résiliation de leurs baux.

DEMANDE. — *Dans quelles formes et dans quels délais ?*

REPONSE. — Le locataire doit saisir la commission arbitrale dans les 6 mois de la mise en réforme ou de la consolidation de l'infirmité.

DEMANDE. — *Caractère de cette résiliation ?*

REPONSE. — Quand la résiliation est prononcée elle ne donne jamais droit à une indemnité au profit du propriétaire.

2e catégorie. — Victimes civiles de la guerre.

Les civils se trouvant par suite de faits de guerre atteints d'une notable réduction de capacité professionnelle peuven exactement comme les mobilisés demander la résiliation.

Mêmes délais et procédure que pour les mobilisés.

4ᵉ Cas de résiliation

Associés mobilisés décédés

(Art. 6 de la loi)

DEMANDE. — *Dans quelles conditions la résiliation est-elle possible ?*

REPONSE. — 1° Si tous les associés ou gérants des Sociétés en nom collectif ou en commandite simple sont décédés, la résiliation a lieu de plein droit sur la demande du liquidateur de la Société, ou à défaut sur la demande des héritiers.

2° Si un seul des associés est décédé et que son décès a entrainé la dissolution de la Société, la résiliation est facultative.

DEMANDE. — *Dans quel délai et sous quelle forme le bailleur doit-il être avisé ?*

REPONSE. — Les intéressés doivent aviser le bailleur par lettre recommandée, dans les 3 mois de l'avis officiel du décès du dernier associé ou du dernier gérant, au cas de décès de tous les associés ou de tous les gérants.

Au cas où un seul des associés est décédé et que ce décès a entrainé la dissolution de la Société, le délai est encore de 3 mois.

5° Cas

Diminution considérable des ressources du locataire, mobilisé ou non, occasionnée par la guerre

(Art. 9 de la loi)

DEMANDE. — *Dans quelles conditions la résiliation est-elle possible ?*

REPONSE. — 1° Le changement de situation doit être imputable à la guerre.

2° Il doit être tel que le locataire n'aurait pas conclu le bail si sa situation au moment où il l'a signé avait été aussi précaire que celle qui résulte pour lui de la guerre.

DEMANDE. — *Dans quels délais et sous quelles formes le locataire doit-il introduire sa demande de résiliation ?*

REPONSE. — Il doit : 1° Aviser par lettre recommandée son bailleur au plus tard dans les 3 mois qui suivront le décret fixant la cessation des hostilités.

2° Saisir la commision arbitrale.

DEMANDE. — *Cette résiliation peut-elle donner lieu à indemnité au profit du propriétaire ?*

REPONSE. —Cette indemnité est facultative. C'est à la commission arbitrale à apprécier.

6e *Cas de résiliation*

Impossibilité par le locataire d'emmenager du fait de la mobilisation

(Art. 13 de la loi)

DEMANDE. — *Qui peut invoquer ce cas.*

REPONSE. — Soit celui que la mobilisation a empêché de prendre possession des lieux loués, soit celui qui n'a pu entrer dans les lieux loués par suite de la mobilisation de l'occupant.

DEUXIÈME PARTIE

Exonération totale de loyer

(*DEUX CATEGORIES*)

1ere catégorie : Locataire mobilisé.
2me catégorie : Locataire non mobilisé.

1ere CATÉGORIE

Locataire mobilisé

2 Cas

1er *Cas* : Mobilisés, locataire de petits loyers.

2me *Cas* : Réformés, locataire de petits loyers.

Premier cas

Exonération totale au profit de certains mobilisés

(Art. 14 et 15 de la loi)

DEMANDE. — *Quels sont les mobilisés qui profitent de plein droit de l'exonération totale de loyer ?*

RÉPONSE. — Les mobilisés qui occupaient un logement à petit loyer c'est-à-dire, pour Paris, égal ou inférieur à 500 fr.

DEMANDE. — *Ce chiffre de 500 fr. n'est-il pas majoré quand le locataire avait des charges de famille ?*

RÉPONSE. — Si, il doit être majoré de 100 fr. si le locataire est marié et en outre de 100 fr. par personne à sa charge, par enfant de moins de seize ans et par enfant mobilisé (ce qui dans certains cas peut arriver à 1000 ou 1.100 fr. par an).

DEMANDE. — *Le propriétaire peut-il être admis à faire la preuve que le mobilisé locataire à Paris d'un loyer égal ou inférieur à 500 fr. est en état de payer ?*

RÉPONSE. — Aux termes de la loi l'exonération totale pour les mobilisés occupant un logement à petit loyer est absolue et ne peut être combattue par la preuve contraire.

DEMANDE. — *N'y a t-il pas des exceptions à ce principe ?*

RÉPONSE. — Si, le propriétaire peut-être admis à faire la preuve de la solvabillité de son locataire mobilisé dans deux cas.

1° Lorsque le mobilisé a reçu, par suite de la mobilisation, une réduction supérieure d'un quart à celle qu'il touchait avant la guerre.

2° Si le mobilisé a été détaché en usine et qu'il y ait touché un salaire supérieur, d'un quart, à son salaire d'avant guerre sauf cependant s'il a été occupé dans un établissement trop éloigné de son domicile habituel pour maintenir son habitation dans les lieux loués. Dans ce dernier cas en effet il est exonéré de plein droit.

DEMANDE. — *Pour combien de temps porte cette exonération ?*

RÉPONSE. — L'exonération de plein droit ne s'applique qu'à la période de temps pendant laquelle le locataire a été mobilisé *et ne s'étend pas comme on le dit par une grossière erreur à toute la durée de la guerre et aux 6 mois qui suivront le décret fixant la date de la cessations des hostitités.*

2ᵉ *Cas*

Exonération totale au profit de certains réformés

(Art. 15 de la loi)

DEMANDE. — *A quels réformés s'étend cette exonération ?*

RÉPONSE. — La loi ne s'applique qu'aux militaires réformés à la suite de blessure ou de maladie contractée ou aggravée à la guerre.

Elle ne bénéficie pas, au contraire aux réformés qui ne justifient pas que l'aggravation de leur état résulte du fait de la guerre.

DEMANDE. — *Pour combien de temps porte cette exonération ?*

RÉPONSE. — Les petits locataires bénéficiaires de la loi selon le principe qui vient d'être posé jouissent de plein droit de l'exonération de loyers pendant toute la durée de la guerre et les six mois qui suivront la cessation des hostilités fixée par la loi récente au 24 octobre 1919.

2e CATÉGORIE

Locataire non mobilisé

Exonération au profit des attributaires d'allocation militaire ou de secours permanents de bureau de Bienfaisance.

(Art. 15 de la loi)

DEMANDE. — *Quels sont les non mobilisés qui, en principe, bénéficient de l'exonération des loyers ?*

RÉPONSE. — Les locataires des petits loyers ci-dessus désignés attributaires de secours permanents du bureau de bienfaisance ou les bénéficiaires de l'allocation militaire.

DEMANDE. — *Le propriétaire peut-il être admis à faire la preuve devant la Commission arbitrale que malgré l'attribution de secours ou d'allocation son locataire peut payer ?*

RÉPONSE. — Oui le propriétaire est

autorisé à faire cette preuve à l'encontre des bénéficiaires de l'allocation militaire.

Il n'est pas admis au contraire à faire cette preuve à l'encontre des locataires incrits au Bureau de Bienfaisance.

DEMANDE. — *Pour combien de temps cette exonération profitera-t-elle aux bénéficiaires de secours ou d'allocations militaires ?*

REPONSE. — Pendant la période où ces secours ou allocations ont été servis.

DEMANDE. — *Quelle sera la situation des personnes encore secourues par l'assistance publique ou recevant encore l'allocation au moment où elles comparaissent devant la commission arbitrale ?*

REPONSE. — Elles bénéficieront encore pendant six mois après le 24 octobre 1919 de l'exonération des loyers.

TROISIÈME PARTIE

Exonération partielle de loyers

(2 cas)

1er cas : Petits loyers.

2e *cas* : Loyers autres que les petits loyers.

Premier cas

Exonération jusqu'au 1er avril 1918 et obligation de payer depuis le 1er avril 1918 pour certains locataires

(Art. 16 de la loi)

DEMANDE. — *Que comprend cette catégorie de locataires* ?

REPONSE. - A côté des locataires qui sont exonérés de plein droit pendant toute la durée de leur mobilisation ou pendant tout le temps où on leur sert des secours réguliers ou l'allocation militaire, et dont la situation vient d'être étudiée dans les cas d'exonération, il y a les autres *petits locataires* qui ne rentrent dans aucune de ces catégories, c'est-à-dire ceux qui n'ont été ni mobilisés, ni réformés, ni attributaires de secours ou d'allocations militaires, ou qui, mobilisés, ont touché une solde supérieure d'un quart à leur traitement d'avant-guerre ou qui, placés en usine, ont touché un salaire supérieur d'un quart à leur salaire d'avant guerre et n'ont pas été astreints à avoir deux logements.

DEMANDE. — *Comment se règle leur situation ?*

REPONSE. — On fait une coupure entre les loyers antérieurs et les loyers postérieurs au 1er avril 1918.

DEMANDE. — *Quel est l'intérêt de cette coupure ?*

REPONSE. — Dans les loyers antérieurs au 1er avril 1918 la présomption est que les locataires de *petits loyers* n'étaient pas en état de payer. C'est au propriétaire à faire la preuve contraire.

Pour les loyers échus depuis le 1er avril 1918 la présomption est, au contraire, que les locataires des petits loyers peuvent payer et c'est à eux à établir devant la commission leur insolvabilité, La présomption pour les loyers échus depuis le 1er avril 1918 est donc au profit du propriétaire.

Deuxième cas d'exonération partielle

Réduction de loyer au profit des mobilisés et des non-mobilisés qui ne sont pas locatairesde petits loyers.

(Art. 14 de la loi)

DEMANDE. — *Que comprend cette catégorie de locataires ?*

REPONSE. — Tous les locataires mobilisés ou non qui, en raison du chiffre de leur loyer, ne bénéficient pas des avantages spéciaux réservés aux *petits loyers*.

DEMANDE. — *Quels sont les locataires de cette catégorie qui peuvent demander des réductions aux commissions arbitrales ?*

REPONSE. — Deux catégories :

1re *catégorie* : Ceux qui, par suite de la guerre, ont été privés de tout ou partie des avantages d'utilité ou d'usage de la chose louée.

2e *catégorie* : Ceux qui, par suite de la guerre, ont été privés d'une notable partie des ressources sur lesquelles ils pouvaient escompter pour faire face au paiement du loyer.

En un mot, tous ceux qui ont souffert de la guerre dans leurs affaires, l'exercice de leur profession, etc., qu'ils aient été mobilisés ou non.

DEMANDE. — *A qui incombe la preuve que le locataire n'a pas joui de la chose louée ou a subi une diminution de ressource ou de gain ?*

REPONSE. — Il faut distinguer s'il

s'agit d'un non-mobilisé ou d'un mobilisé.

Le non-mobilisé est tenu de faire la preuve qu'il n'a pas joui de la chose louée ou qu'il ne peut pas payer.

Au contraire, le locataire qui a été mobilisé n'est pas tenu de faire cette preuve, c'est au propriétaire à prouver que, malgré sa mobilisation il peut payer son loyer.

La loi précise cependant que la commission arbitrale devra, tant pour admettre le droit à la réduction que pour en déterminer l'étendue, tenir compte de l'ensemble des revenus du locataire.

DEMANDE. — *Jusqu'où peut aller cette demande en réduction de loyers ?*

REPONSE. — Elle peut aller exceptionnellement jusqu'à l'exonération totale.

DEMANDE. — *Sur combien de termes pourra porter cette exonération ou cette reduction ce loyers ?*

REPONSE. — La loi permet aux commissions arbitrales de l'accorder pour la durée de la guerre et les six mois qui suivront le décret fixant le cessation des hostilités, mais, en fait, elle est accordée pour une période plus ou moins longue suivant les circonstances que les commissions arbitrales apprécient souverainement.

QUATRIÈME PARTIE

Maintien des locataires exonérés dans les lieux loués

(Art. 18 de la loi)

DEMANDE. — *Quelle est la portée de cet article ?*

REPONSE. — En plus d'une exonération totale ou partielle accordée, de plein droit par la loi, ou accordée par les Commissions arbitrales dans les cas qui ont été étudiés plus haut la loi interdit au bailleur de donner congé au locataire pendant une certaine période de temps.

DEMANDE. — *Quelle est cette période de temps ?*

1e Catégorie

REPONSE. — 1° Les petits locataires mobilisés qui sont exonérés totalement en vertu de l'art. 15 ; 2° les petits locataires réformés du fait de la guerre ; 3° les attributaires soit de l'allocation militaire soit de secours permanents du Bureau de bienfaisance seront maintenus, sans payer dans les lieux loués pendant la durée de la guerre et les 6 mois qui suivront le décret fixant la cessation des hostilités (24 octobre 1919)

2e Catégorie : Les autres locataires qui ont obtenu des exonérations partielles seront maintenus dans les lieux loués également pendant 6 mois à compter du 24 octobre 1919 mais à la condition qu'ils paient au propriétaire régulièrement les loyers réduits par la Commission Arbitrale.

Remarque générale. Les locataires maintenus dans les lieux loués, même sans paiement, sont tenus de jouir paisiblement et en « bon père de famille ». Autrement le propriétaire serait fondé à demander leur expulsion.

DEMANDE. — *Quelles sont les charges du propriétaire pendant cette période ?*

REPONSE. — Pendant la période durant laquelle le locataire est maintenu chez le propriétaire celui-ci sera obligé aux réparations et autres charges qui auraient pu lui incomber en temps normal.

CINQUIÈME PARTIE

Prorogation des baux à la demande des locataires

(Art. 56).

On a vu dans la 4e partie que le propriétaire ne peut pas donner congé avant un certain délai. La loi accorde, en plus, au locataire le droit de proroger son bail à certaines conditions qui vont être étudiées.

DEMANDE. — *Quels sont les baux qui peuvent être prorogés ?*

RÉPONSE. — Tous ceux qui étaient en cours au 1er août 1914 à la condition que les locataires en fassent la demande, qu'ils aient été renouvelés ou non.

DEMANDE. — *Cette prorogation est-elle obligatoire ou facultative ?*

REPONSE. — Elle est obligatoire sauf dans le cas où une modification est survenue dans le commerce ou l'industrie du preneur ou dans le cas où des bénéfices exceptionnels de guerre ont été réalisés par le preneur, dans ces cas en effet elle est facultative.

DEMANDE. — *Quelles sont les formalités à remplir par le locataire qui veut obtenir la prorogation ?*

RÉPONSE. — Le locataire doit aviser par exploit d'huissier le propriétaire de son intention de proroger son bail.

DEMANDE. — *Dans quels délais ?*

RÉPONSE. — Il y a lieu de distinguer s'il s'agit d'une location verbale ou d'un bail écrit.

1er Cas. Location verbale

Le locataire peut faire la notification à toute époque de la location.

Toutefois, s'il a reçu congé, il doit faire la notification au plus tard le vingtième jour après la réception du congé.

2e Cas. Bail écrit

Il y a ici une distinction à faire selon que le locataire était ou non mobilisé.

S'il était mobilisé il doit faire cette notification au plus tard dans les trois mois qui suivront le décret fixant la date de la cessation des hostilités. (24 octobre 1919).

S'il n'a pas été mobilisé, il y a encore une distincton à faire.

Si le bail n'a pas été renouvelé au

cours do la guerre, il doit le faire au plus tard trois mois avant l'expiration du bail.

Si le bail a été renonvelé et a subi des modificatians au cours de la guerre, la notification devra être faite dans le délai d'un mois à partir du 24 octobre 1917.

DEMANDE. — *Quelle est la durée de cette prorogation ?*

REPONSE. — Pour les locaux affectés à un usage commercial, industriel ou professionnel, c'est à dire occupés par des commerçants et des patentés, la prorogation sera d'une durée égale à la durée de la guerre.

Pour les locaux à usage d'habitation deux ans.

3° Pour les petits locataires qui ont été mobilisés plus de 2 ans, la prorogation sera d'une durée égale à celle de leur mobilisation.

DEMANDE. — *Les locataires qui ont loué après le mois d'août 1914 ont-ils droit à cette prorogation ?*

RÉPONSE. — Non.

DEMANDE. — *Si des locataires d'avant guerre ont sous-loué des locaux à usage d'habitation, les sous-locataires bénéficient-ils de la prorogotion ?*

REPONSE. — Oui, si la sous-location a été consentie avant le 24 octobre 1919, non si elle a été consentie après cette date.

DEMANDE. — *Quelle situation est faite aux sous-locataires ou cessionnaires de baux à usage commercial ou industriel au point de vue de la prorogation ?*

RÉPONSE. — Leur situation n'est pas encore réglée. Un projet de loi a été déposé au Parlement.

SIXIÈME PARTIE

Délais dans lesquels un propriétaire peut valablement assigner

(Plusieurs cas)

1er CAS. — *Locataire démobilisé* (art. 19 de la loi).

REPONSE. — Dans le délai de six mois qui court, non du jour de la cessation des hostilités, comme on le croit trop souvent, mais du jour effectif de la démobilisation de l'intéressé.

2e CAS. — *Militaire réformé à la suite de blessures ou de maladie contractées ou aggravées à la guerre* (art. de la loi).

REPONSE. — Dans le délai d'un an à partir de la mise en réforme sans que cependant ce délai puisse dépasser six mois après le décret fixant la cessation des hostilités. (24 octobre 1919).

3e CAS. — *Veuves des militaires morts sous les drapeaux depuis le 1er août 1914 ou les membres de leur famille qui habitaient antérieurement avec eux les lieux loués* (art. 20 de la loi).

REPONSE. — Dans le délai d'un an à partir du décès, sans que, comme ci-dessus, ce délai puisse dépasser six mois après le décret fixant la cessation des hostilités.

4e CAS. — *Les femmes des militaires disparus ou les membres de leur famille qui habitaient antérieurement avec eux les lieux loués* (art. 20 de la loi).

REPONSE. — Dans le délai d'un an à partir de l'avis spécial fixant la disparition, avec la même réserve que ci-dessus.

5e CAS. — *Les personnes, parentes ou*

non, qui antérieurement au 1er août 1914 vivaient habituellement dans les lieux loués avec le locataire mobilisé et qui justifieront qu'elles étaient à sa charge (art. 20 de la loi).

REPONSE. — Même délai que ci-dessus.

SEPTIÈME PARTIE

Compensation de plein droit des loyers d'avance et imputation des loyers payés au cours des hostilités

(Art. 25 et 27 de la loi)

DEMANDE. — *Qu'entend-on par compensation des loyers d'avance* ?

REPONSE. — Les loyers versés à titre d'avance ou de garantie se compensent avec le montant des termes échus au cours de la guerre.

DEMANDE. — *Quel est le caractère de cette compensation?*

REPONSE. — Elle est de plein droit ; elle n'a pas besoin d'être demandée à la commission arbitrale.

DEMANDE. — *Y aura-t-il lieu après le décret fixant la cessation des hostili-*

tés de reconstituer ces loyers d'avance ?

REPONSE. — C'est vraisemblable, mais la loi n'a rien précisé à ce sujet.

DEMANDE. — *Qu'entend-on par imputation des loyers payés au cours des hostilités ?*

REPONSE. — Il faut entendre par là que les sommes versées au cours de la guerre n'ont pas servi à éteindre tel ou tel terme déterminé, mais doivent s'imputer sur l'ensemble de la dette, comptée depuis le 1er août 1914 jusqu'au jour où l'on comparaît devant la commission arbitrale.

DEMANDE. — *Peut-il arriver qu'un locataire tout en ne payant pas intégralement chaque quittance ait payé plus que la loi ne l'oblige à payer ?*

REPONSE. — Cela peut très bien arriver.

Exemple : Un petit locataire exonéré complètement par la commission a payé antérieurement un certain nombre de termes.

Bien qu'ils aient été payés, la commission peut les considérer comme n'étant pas, en réalité, dus, soit pour le tout, soit pour partie. Il se trouve ainsi avoir payé ce qu'il ne devait pas ou plus qu'il ne devait.

DEMANDE. — *Lorsque le propriétaire a reçu plus que la commission ne condamne le locataire à payer, est-il tenu à payer le trop perçu à son locataire ?*

REPONSE. — Le propriétaire n'y est pas tenu ; il a pu dépenser lui-même les loyers qu'il a encaissés.

DEMANDE. — *Que deviennent alors ces sommes payées en trop ?*

REPONSE. — Elles serviront à payer les termes à échoir.

D'ordinaire la commission les répartit par petites fractions sur plusieurs termes.

Niort. — Imp. A. CHEBROU, P. NICOLAS, Sucr.

www.ingramcontent.com/pod-product-compliance
Ingram Content Group UK Ltd.
Pitfield, Milton Keynes, MK11 3LW, UK
UKHW020522180726
13839UKWH00005B/2259